Possibilities in Shade

Mariano Peyrou

Possibilities in Shade

Posibilidades en la sombra

translated from Spanish by
Terence Dooley

Shearsman Books

First published in the United Kingdom in 2023 by
Shearsman Books
PO Box 4239
Swindon
SN3 9FN

Shearsman Books Ltd Registered Office
30–31 St. James Place, Mangotsfield, Bristol BS16 9JB
(this address not for correspondence)

www.shearsman.com

ISBN 978-1-84861-859-6

Posibilidades en la sombra was first published in 2019
by Pre-Textos, Valencia

Posibilidades en la sombra

Possibilities in Shade

Tal vez ese ojo no sea bello,
pero yo lo veo bello porque puedo entrar en él
y verme bello, triste y aceptado,
                              frágil y pequeño,
volando por encima de las cosas del mundo.

Tal vez ese ojo no me mire como yo lo veo. Yo era
ese ojo. Yo seré ese ojo. Hay otro ojo al lado y
no es igual. Yo no soy ninguno de ellos. La diferencia
que hay entre esos ojos tal vez sea la misma que hay entre
nosotros,
                    cuando tus ojos me miran y yo entro en tu ojo
y veo cosas que no ves, que no hay, el dolor,
el cansancio.

Ese ojo es un salto, una promesa, un hito, como
cerca de las cataratas había un hito, una piedra
que marcaba el lugar de una promesa,
antes de que existiera el mundo
y se rompiera.

Antes de que existiera el mundo y se rompiera
había un jardín, era una foto de un jardín
con una mesa y cuatro sillas, y una
se había caído para atrás. Un terremoto
tira una silla para atrás y eso no está en
tus ojos. En tus ojos hay otros jardines,
no hay tiempo todavía. En tu nariz hay

Perhaps that eye isn't beautiful,
but I see it as beautiful because I can enter it
and see myself as beautiful, sad and accepted,
                                    fragile and small,
flying above the things of the world.

Perhaps that eye doesn't see me as I see it. I was
that eye. I will be that eye. There's another eye next to it,
a different eye, and I am neither one. The difference
between those eyes is perhaps the difference between
you and me
                    when your eyes look at me and I enter your eye
and see things you don't see, things not there, pain,
weariness.

That eye is a leap, a promise, a landmark, just as
by the waterfalls there was a stone that marked
the place a promise was made,
before the world existed and
was broken.

Before the world existed and was broken,
there was a garden, it was a photo of a garden
with a table and four chairs, and one of the chairs
had been thrown on its back. An earthquake
throws over a chair and this isn't in
your eyes. In your eyes are other gardens,
time isn't in them yet. In your nose there is

tiempo, el tiempo sube por tu frente
y no se ve.

Tal vez tu padre pueda meter las
manos hasta las muñecas en un río
de sangre, lavarse las manos en sangre.
Tal vez me cures el miedo, o me inocules
el miedo, pero eso ahora está detrás
y tiene la presencia intermitente del
deseo.

   Todo es aquí deseo, pero
¿deseo de qué? De tiempo, de
sangre, de tener veinte años para
no saber,

      no la energía sino la
deriva de los veinte años;

           deseo
de descansar y de que algo no
termine nunca.

Tal vez el calor baste para apagar
esa pregunta, o el sabor,
o una forma nueva de dormir y mirarse.
O tal vez no se trate de apagar
sino de alumbrar otro sol,

          cuando subes
y bajas sugiriendo otros soles,
otra sangre.

    Nada de esto está
en ti, ahora, ni yo sé nada de

time, time climbs your forehead
unseen.

Perhaps your father can place
his hands up to the wrists in a river
of blood, wash his hands in blood.
Perhaps you'll cure my fear or inject
me with fear, but that is behind now
and implies the intermittent presence
of desire.
          All is desire here, but –
desire for what? For time, for
blood, for being twenty and
not knowing,
                    not the energy but
the drift of being twenty;
                              desire
for rest and for something
not to end.

Perhaps heat is enough to douse
that question, or taste,
or a new way of sleeping and looking at each other.
Or perhaps it's not dousing
but lighting up another sun,
                              when you rise
and fall proposing other suns,
other blood.
          None of this is
in you, now, and I know nothing of

tu miedo o tu deriva. Sé que había una silla
tirada para atrás, en el jardín,
y que tú me miras.

Tal vez en la proximidad destaque
la diferencia. Tus ojos están cerca de tu
boca,
      que se abre o se rompe para que sigan
fluyendo los ríos y abre o rompe la lógica
del miedo. Cuando tu boca se rompe, te creo.
Cuando tu boca se abre, te toco.

Miro fotos que muestran cosas
que no están en las fotos.
               Hay
alguien esperando y alguien que
camina. Miro la foto y veo
la tristeza de una silla.
Tal vez quieras ayudarme a levantarla
o sentarte en el suelo, a su lado.
Yo quiero darle una patada,
quemarla, sacarla de la foto.

Tal vez podamos bajar al río,
meternos hasta las rodillas en el
río, calzados, para no cortarnos.
Una hora metidos en el río hasta
las rodillas y cambiaría nuestro concepto

your drift or fear. I know that there was a chair
thrown on its back, in the garden,
and that you are looking at me.

Perhaps in nearness the difference
shines out. Your eyes are near
your mouth,
                        it opens or breaks so rivers
keep on flowing, and opens or breaks the logic
of fear. When your mouth breaks, I believe you.
When your mouth opens, I touch you.

I look at photos that show
things that aren't in the photos.
                                    Someone
is waiting, and someone
is in motion. I look at the photo and see
the sadness of a chair.
Perhaps you'd like to help me right the chair
or sit down on the ground, next to it.
I want to kick it,
burn it, expunge it from the photo.

Perhaps we can go down to the river
and walk into the river
up to our knees, with our shoes on,
so as not to cut our feet.
After an hour in the river,
up to our knees, our concept of hope

13

de esperanza. Mi concepto de esperanza
tal vez se parezca al tuyo como
un río se parece a su valle
o a su catarata, o como este río
se puede parecer a tu boca
                            cuando
no la miro o cuando estamos
metidos hasta las rodillas en el río
una hora. Es raro, lo de los parecidos,
cuando hay un río en medio
o veinte años. Desde mi orilla,
el concepto de esperanza está gastado,
pero la esperanza no; desde la tuya,
todavía no ha acabado de formarse.
En eso se parecen, como no mirarte
se parece a rozar
                    tu boca,
o un río se parece a verlo desde lejos.

Tal vez a esa silla no la haya
tirado un terremoto, sino el peso
de la esperanza.

Tal vez prefieras subir una
montaña lentamente para ver
qué hay al otro lado. No hay
nada al otro lado. O tal vez
estemos tú y yo
                    bajando una

would be redefined. My concept of hope
perhaps is much like yours, as
a river is like its valley
or its waterfalls, or as this river
may be like your mouth
                              when
I'm not looking at it or when we are
up to our knees in the river
for an hour. It's strange, the likenesses,
when a river is between us
or twenty years. From my bank,
the concept of hope is used-up,
but hope itself isn't; from yours,
the concept hasn't taken shape.
They are alike in that, as not looking at you
is like lightly touching
                              your mouth,
or a river is like seeing it from far away.

Perhaps that chair wasn't
thrown over by an earthquake, but by
the weight of hope.

Perhaps you prefer to climb
a mountain at leisure to see
what's on the other side. There's
nothing on the other side. Or perhaps
there's you and me
                              coming down a

montaña. ¿Qué te gustaría
ver ahí? ¿Una segunda oportunidad?
¿Un fracaso merecido? ¿Un
sentimiento mutuo? ¿Una emoción
fugaz? ¿Una montaña? Y tal vez,
si me rozas, pueda descubrir lo que
me gustaría ver a mí. ¿Una reacción
visceral? ¿Un dilema ético? ¿Una
persona mirando una montaña?

Pero tal vez donde tú ves una montaña,
yo vea un río; donde tú ves un dolor
leve, yo vea una promesa; donde
tú ves agua, yo vea sangre. O tal
vez yo vea un símbolo donde tú
ves un rastro; yo vea una mirada
limpia donde tú ves una cosa;
y donde tú ves un jardín, yo
vea una silla caída.

Hoy he visto, en un sueño, lo que
había al otro lado de la montaña,
pero ya no lo recuerdo.
                    Sé que era
un poco previsible pero no decepcionante,
algo encajaba, como a veces las cosas
encajan en los sueños y en la vigilia
todo es discordancia. Esa forma
en que encajan las cosas en los
sueños tal vez sea lo que busco
en la vigilia,

mountain. What would you like
to see there? A second chance?
A well-deserved failure? A
mutual feeling? A fleeting
emotion? A mountain? And perhaps,
if you touch me, I can find out what
I'd like to see. A gut reaction?
An ethical dilemma? Someone
looking at a mountain?

But perhaps where you see a mountain,
I see a river; where you see an
ache, I see a promise; where
you see water, I see blood. Or
perhaps I see a symbol where you
see a trail; I see an open
gaze where you see a thing;
and where you see a garden,
I see a chair on its back.

Today I saw, in a dream, what there was
on the other side of the mountain,
but I can't remember now.
                                  I know it was
somewhat predictable but not disappointing,
something fit, as things sometimes
fit in dreams and in waking life
all is discord. The way
things rhyme in dreams
perhaps is what I'm looking for
awake,

17

cuando miro tus
ojos o tu boca, cuando subo una
montaña y pienso en lo que verás
tú, cuando entro en tu ojo
para verme mirándote, despierto
y activo, ilusionado, nuevo.

La espera, no la esperanza.
Pongo la voz en una
posición y escucho, trato
de concentrarme en la espera
con tantas cosas pasando alrededor,
mientras tú tal vez sueñes
con no esperar, con una voz que diga
lo que nunca has oído, o estés
despierta, hablando,
caminando hacia nadie, creyendo
que no tiemblas.
                    Tal vez tiembles
por lo que no quieres decir, o
digas que no tiemblas para
dejar de temblar. No entiendo
lo que dices. No oigo lo que
sientes. Ahora me hablas pero ya no
me miras. Estamos juntos en una
sala oscura y nos damos la mano
y miramos
                    cada uno hacia otro lado.

when I look at your
eyes or mouth, when I climb a
mountain and think of what you'll see
up there, when I enter your eye
to see myself looking at you, bright,
alive, excited, new.

Waiting, not hoping.
I set my voice
and I listen, I try
to concentrate on waiting
with so much going on around,
while you perhaps dream
of not waiting, of a voice saying
what you've never heard, or you're
awake, speaking,
walking to no-one, believing
you're not trembling.
                    Perhaps you tremble
because of what you won't say, or
you say you're not trembling to
stop yourself trembling. I can't understand
what you say. I can't hear what
you feel. Now you're speaking to me but not
looking at me. We're together in a
darkened room and holding hands and
each one
            is looking away.

Tu mano está caliente y mi mano
está fría. Tu boca está cerrada
y mi boca está abierta. Tu
voz está flotando y mi voz está
seca, es una foto de mi voz.
Tu pelo está en el aire.
El sonido del aire se enamora
de tu respiración. Entonces se encienden
las luces
          y tal vez te hayas ido
y el sonido del aire tenga miedo de tu
respiración. La oscuridad tiene miedo
de tu pelo, tu mano tiene
miedo de mi mano, como
el calor tiene miedo del frío
o tu voz
          tal vez tenga miedo de las
palabras, de su sentido, de la
falta de sentido de las palabras
y las manos. Con una mano digo
lo que no puedo decir, lo que no
puedo tocar. Miro con la voz
lo que no puedo decir con la esperanza.
Cierro los ojos.

Tal vez la espera consista en cerrar
los ojos, pero ahora quiero aprender a esperar
con los ojos abiertos.

Your hand is warm and my hand
is cold. Your mouth is closed
and my mouth is open. Your
voice is floating and my voice
is dry, a photo of my voice.
Your hair is in the wind.
The sound the wind makes falls in love
with your breath. Then the lights
go on
            and perhaps you went away
and the sound the wind makes is afraid of
your breath. The darkness is afraid
of your hair, your hand is
afraid of my hand, as
heat is afraid of cold
or your voice
                    perhaps is afraid of
words, of their meaning, of
how meaningless words are
and hands. With a hand I say
what I can't say, what I
can't touch. I look with my voice
at what I cannot say with hope.
I close my eyes.

Perhaps waiting consists in closing
one's eyes, but now I want to learn to wait
with my eyes open.

Tal vez no haya nadie subiendo
una montaña, no haya
manos ni esté fría mi mano
ni tu mano caliente.

                    Saber que
puede no haber nada, ni
río ni palabras, no impide
que las palabras caigan en
el río y se alejen como se
acerca un sueño,

                            como te acercas
tú cuando te acercas y tienes
miedo de despertarme.
No cierres los ojos tan fuerte.
No te calles tan fuerte. Dame la mano
si quieres estar sola.

Ahora estoy solo en una sala oscura
como algunas fotos de la muerte.
El tiempo todavía no existe.

                            No
se puede pensar que el tiempo
no exista todavía, que vaya a empezar
a existir en cualquier momento, como cuando
estás buscando una palabra que no se te
ocurre y cuando se te ocurre
sientes una emoción, todo cambia de luz.
Esa emoción no está explorada. La

Perhaps no-one is climbing
a mountain, there are no
hands, and my hand isn't cold,
yours isn't warm.
                    Knowing
nothing may be there, no
river, no words, can't stop
the words falling into
the river and floating away as
a dream comes near,
                              as you come near
when you come near and are afraid
of waking me.
Don't close your eyes so loud.
Don't hush so loud. Give me your hand
if you want to be alone.

Now I'm alone in a darkened room
like some photos of death.
Time doesn't exist yet.
                    One can't
think about time
not existing yet, that it will begin to
exist any moment, like when
a word is on the tip of your
tongue and when it comes
you get a feeling, the light changes.
That feeling hasn't been explored. The

emoción que se siente al repetir
una palabra está explorada. Repetir
una palabra hasta que su sentido se
pierde o se extraña es igual que enamorarse
o desenamorarse; es igual que vivir,
esperando o caminando o pensando
en la muerte, que tal vez sea el estado
sólido y concreto del tiempo. Un río
es el estado sólido de la liquidez.
Una montaña es el estado
líquido del cielo,

                     o el estado sólido
de las ganas de subirla. Y tú tal vez
seas el estado sólido de mis ganas de
tocarte, que son el estado líquido
de mis ganas de estar solo. El
estado sólido de mi soledad
son mis recuerdos.

Pero por ahora no hay muerte, sólo
cansancio. Tal vez lo que más te canse
sea escuchar sin poder decir nada
hasta que alguien termina de hablar
interminablemente; entonces lo que más
me cansará a mí será tener que
hablar mientras alguien me interrumpe
cuando podríamos estar callados,
en el río, donde las palabras no son

feeling one gets from repeating
a word has been thoroughly explored. Repeating
a word until its meaning is
lost or warped is like falling in
or out of love, like living,
waiting or walking or thinking
of death, which perhaps is the concrete
solid state of time. A river
is the solid state of liquidity.
A mountain is the solid
state of the sky,
                       or the solid state
of longing to climb it. And you perhaps
are the solid state of my longing to
touch you, which is the liquid state
of my longing to be alone. The
solid state of my solitude
are my memories.

But for now there is no death, only
weariness. Perhaps what most wearies you
is listening and not being able to say a word
until someone stops talking
interminably; so what will
most weary me is that I have to
keep talking while someone interrupts me
when we could both be standing in silence
in the river, where words aren't

25

necesarias porque se mojan antes de
alejarse con la corriente.

O tal vez
lo que más te canse sea caminar; en
ese caso, lo que más me cansaría a mí
sería quedarme quieto

mirándote.

Tú me interrumpes cuando estoy
callado, pensando que debería decir
algo o mirarte.

Tu cuerpo
me interrumpe cuando estoy dormido.
Tus ojos me interrumpen cuando estoy
mirándote.

Cierro los ojos y tus ojos se cierran.
Abro los ojos y tus manos me miran.
Abres la boca y mi boca encuentra una palabra.
Miro una foto mientras tú sacas fotos.
Tal vez no sepas nada de la muerte,
o sepas que la muerte y la soledad
sólo se parecen cuando no se sabe
nada de la soledad ni de la muerte.

Tú vives. Yo miro.
Pero mirar
es vivir, no hay vida sin mirada.
Cierro los ojos para seguir viviendo.
Me meto en la cama para que se desplieguen

needed because they get waterlogged and
float off downriver.
                          Or perhaps
what most wearies you is walking; in
that case, what most would weary me
would be to stand still
                          looking at you.

You interrupt me when I'm
not speaking, thinking I ought to say
something or look at you.
                          Your body
interrupts me when I'm sleeping.
Your eyes interrupt me when I'm
looking at you.

I close my eyes and your eyes close.
I open my eyes and your hands look at me.
You open your mouth and my mouth finds a word.
I look at a photo while you take a photo.
Perhaps you know nothing about death
or you know death and solitude
only seem alike when one knows
nothing about solitude or death

You live. I look.
                          But looking
is living, life is lived through looking.
I close my eyes to go on living.
I go to bed for the nightmares

las pesadillas del insomnio, los fantasmas
del día que vuelven por la noche, igual
que los fantasmas de la noche resurgen
por el día. Pero el insomnio no se parece nada
a la vigilia, hay una energía en el insomnio,
una deriva, una capacidad para
que las ideas crezcan,
se repitan,

       se extrañen y oscurezcan, una
energía que no es de la deriva.

Tal vez si nos miráramos durante una
hora, podría averiguar
            qué hay dentro
de tu boca, o tu mano me daría algo.
No recuerdo con suficiente nitidez
el gesto de tu mano dándome algo.
Cuando la memoria falla, cuando fallan
las manos, está bien poder mirarse
hasta que algo cambie, la luz
o la forma de tus ojos, o tu
manera de esperar.
          La vida
no tiene sentido ni carece
de sentido, es algo situado al
margen del sentido. Las palabras
y las manos carecen de sentido. ¿Qué
me puede dar tu mano? ¿Confianza?

of sleeplessness to unfold, ghosts
of the day returning in the night, just as
ghosts of the night resurge
in the day. But sleeplessness is nothing like
wakefulness, there's an energy in sleeplessness,
a drift, the potential for ideas
to blossom,
repeat,
          warp and darken, an
energy not part of the drift.

Perhaps if we looked at each other for
an hour, I could ascertain
                              what there is
in your mouth, or your hand would give me something.
I have only a vague memory
of how your hand looks giving me something.
When memory fails, when the hands
fail, it's good to be able to look at each other
till something changes, the light
or the shape of your eyes, or the way
you wait.
          Life
isn't meaningful or
meaningless, it exists on
the margins of meaning. Words
and hands are meaningless. What
can your hand give me? Confidence?

¿Alegría? ¿Placer? La voz
tiene sentido. La muerte absorbe
el sentido como un agujero negro en el
centro de la imaginación. El cansancio sigue
la lógica del tiempo, como la repetición
o lo imprevisto. O una foto, que se opone
a la lógica del tiempo para realzarla. Una
foto tal vez sea el estado sólido
                                del tiempo,
como pueden serlo la diferencia entre tú
y yo o el movimiento de las montañas.
Un río carece de tiempo.

Lo que nos diferencia
                        no es que yo haya
pasado veinte años más que tú metido
hasta las rodillas en el río, veinte
años buscando dentro de tu ojo, sino
que en tus ojos no hay tiempo
todavía; por eso no los puedo recordar.

Tal vez puedas esperar a una persona
mientras te acuerdas o te olvidas
de otra. Tal vez
la energía de los veinte años proceda de la
deriva, de la ausencia de tiempo. Los contrarios
tienen algo en común: un río no es lo
contrario de una cereza,
                        como una

Happiness? Pleasure? The voice
has meaning. Death absorbs
meaning like a black hole in the
middle of the imagination. Weariness follows
the logic of time, like repetition
or surprise. Or a photo which contradicts
the logic of time by highlighting it. A
photo perhaps is the solid state
                              of time,
as maybe the difference between you
and me is, or the movement of mountains.
A river is timeless.

The difference between us
                         isn't that I've
spent twenty years longer than you up
to my knees in the river, twenty years
delving into your eye, but
that your eyes have no time in them
yet; which is why I can't remember them.

Perhaps you can wait for someone
while remembering or forgetting
someone else. Perhaps
the energy of being twenty derives from
drift, from the absence of time. Opposites
have things in common: a river isn't
the opposite of a cherry,
                         just as a

montaña no es lo contrario de la tristeza
que nos llena al coronarla. Tal vez la
semejanza entre un río y una cereza
esté en la tristeza que nos llena al coronar
una montaña y mirar lo que hay al otro
lado: un río, o un valle, o una persona
que se aleja; y la semejanza entre un río
y una montaña tal vez esté en la cereza
que nadie ha visto nunca, al otro lado
del río, entre otros árboles.

                              Esa cereza
tiene sentido. El sentido
de esa cereza está en que no
la vemos. El sentido de tus ojos
está en tu boca, como el sentido
de la espera está en la posibilidad
de que no suceda lo esperado. Hay
una foto de una silla tirada en un
jardín y no sé por qué pienso en esa
cereza que no vemos,

                         que sólo está
entre los árboles de mi imaginación,
como

        tus ojos o sus efectos o
la posibilidad de tocarte o de entender
algo. Cada vez que miro el río
o nombro una cereza, pienso
en el lugar donde sucede el lento
encuentro con uno mismo. Ésa
tal vez sea la diferencia que hay entre

mountain isn't the opposite of the sorrow
that fills us when we reach the top. Perhaps the
likeness between a river and a cherry
is the sorrow that fills us when we reach
the top of a mountain and look down at what there is
on the other side: a river, a valley or someone
walking away; and the likeness between a river
and a mountain perhaps is the cherry
no-one has ever seen, on the other side
of the river, among other trees.

                            That cherry
has a meaning. The meaning
of that cherry is in our not
seeing it. The meaning of your eyes
is in your mouth, as the meaning
of waiting is in the possibility
of what one awaits not taking place. There's
a photo of a chair on its back in a
garden and I don't know why I think of that
unseen cherry,

                which hangs only
on the trees of my imagination,
like

      your eyes or their effect or
the possibility of touching you or understanding
something. Each time I look at the river
or name a cherry, I think
of the place where the slow
meeting of oneself happens. That
perhaps is the difference between

33

nosotros. El río
se encuentra consigo mismo en una
nube, una cereza se encuentra consigo
misma entre tus labios y en mi imaginación,
una silla caída se encuentra con su foto
en un jardín que no vemos y yo
me encuentro conmigo mismo cuando
te miro y nombro. Hoy el sol se ponía
al final de la calle y tú me mirabas
y escuchabas como si las posibilidades
de vivir no fueran ilusorias, un producto
de la imaginación y el mito como el sol
y los ríos y tus ojos,
                              que no sé qué veían
esta tarde, ni dónde estabas tú.

Tal vez tu padre sepa
hacer cosas con las manos. En
ese caso, nos podría construir una casa
de madera. Tal vez tú recuerdes las
manos de tu padre. La casa tiene manchas
de sangre. Tal vez esas manchas de sangre
tengan que ver con tu concepto de eternidad.
Mi concepto de eternidad tiene que ver
con las manos de mi madre, con unas
manos que no sabían hacer cosas,
                              sino
señalarlas y cambiarlas de lugar.

us. The river meets itself in a
cloud, a cherry meets itself
between your lips and in my imagination,
a chair fallen on its back meets its photo
in a garden we can't see and I
meet myself when
I look at you and say your name. Today the sun set
at the end of the street and you looked at me
and listened as if the possibilities
of living weren't illusory, a product
of the imagination and of myth like the sun
and rivers and your eyes
                              that I don't know what they saw
this afternoon, or where you were.

Perhaps your father knows
how to make things with his hands. In
that case, he could build a house for us
out of wood. Perhaps you remember your
father's hands. There are bloodstains
on the house. Perhaps those bloodstains
have to do with your concept of eternity.
My concept of eternity has to do with
my mother's hands, with
hands that didn't know how to make things,
                                        but only
how to point at them and rearrange them.

Ahora estamos juntos en un
autobús lleno de gente y tú no me crees
cuando te digo que nombrar las cosas
equivale a tenerlas; no te das cuenta de
que si no las tenemos, es porque
no sabemos nombrarlas. Dices que la
palabra lluvia no moja y yo
veo que la palabra lluvia moja,
la palabra ojo mira y la palabra beso
cambia las cosas de lugar y nos
desplaza en el tiempo. Dices
que las cosas se nombran con la
voz y yo oigo que lo dices
con palabras.
                        Cada vez que encuentras
algo, cambia tu concepto de búsqueda. La
belleza no se encuentra buscando la belleza,
sino buscando la verdad. Ahora estamos
juntos en un autobús vacío y quiero
recorrer el mundo buscando nuevas
formas de belleza. No me he aburrido
de las antiguas, no me parecen gastadas,
no necesito nuevas formas de belleza;
el deseo es lo contrario de la necesidad,
dos líneas paralelas que se encuentran
en tus ojos
                        cuando miro tus ojos
y desaparecen la necesidad y el deseo
y tus ojos y sólo queda una sensación de
pérdida, de encuentro, de pasado y destino

Now we are together in a
bus full of people and you don't believe me
when I tell you that to name things
is to take possession of them; you don't appreciate
that our not possessing them is because
we can't name them. You say the
word rain doesn't soak us and I
see the word rain soaks,
the word eye looks and the word kiss
rearranges things and
displaces us in time. You say
things are named with the
voice and I hear you say it
in words.
            Each time you find
something, your concept of looking changes.
Beauty isn't found by looking for beauty,
but by looking for truth. Now we are
together in an empty bus and I want
to travel through the world looking for new
kinds of beauty. I haven't wearied of
the old ones, they don't seem used-up to me,
I don't need new kinds of beauty;
desire is the opposite of need,
two parallel lines that meet
in your eyes
                 when I look at your eyes
and need and desire and your eyes
disappear and all that remains is a sense
of loss, of meeting, of past and destiny

y promesas que tal vez se cumplan al aprender
a nombrarlas.

Ahora estamos separados por todo
lo que nos une

                o nos podría unir si no nos
separara, y tú dices que podrías acostarte
en mi voz. Yo no sé si podría
acostarme en tu voz o me hundiría en
ella, como una montaña se hunde
en el cielo cuando hay nubes,
cuando no. Ahora estamos hablando
de la belleza y la verdad: del miedo
y la lentitud y la confianza. Yo no
sé lo que es la belleza más que con las
manos o la boca, como no
sé lo que es una montaña más que
con las piernas o las ganas de
subirla. Tú hablas de la lluvia
y yo no sé lo que es la lluvia más que
con un río

                donde se hunden las nubes,
como la muerte se hunde en la vida
o la confianza en la lentitud. O
en el miedo. Tu
concepto de confianza tal vez tenga
que ver con el paso del tiempo; el mío,
con la ausencia de tiempo: confiar

and promises that perhaps will come true when we
learn how to name them.

Now we are separated by all
that unites us
                    or could unite us if it didn't
separate us, and you say you could lie down
in my voice. I don't know if I could
lie down in your voice or if I would go under
in it, as a mountain sinks
in the sky when there are clouds,
or no clouds. Now we're talking
about beauty and truth: about fear
and slowness and confidence. I only
know what beauty is with my
hands or my mouth, as I only
know what a mountain is
with my legs or the longing
to climb it. You talk about the rain
and I only know what rain is
with a river
                    clouds sink into,
as death sinks into life
or confidence in slowness. Or
in fear. Your
concept of confidence perhaps has
to do with the passage of time; mine
with the absence of time: confidence

es desafiar al tiempo, estar en dos
momentos a la vez.

Ahora estamos juntos en la nube y tú dices
mi nombre. Tal vez al decir mi nombre escuches
una duda mientras yo escucho una promesa.
No sé lo que es una promesa, pero sí una
nube: el lugar
                        donde tú dices mi nombre
no para llamarme. Una montaña entra en el cielo
y tú dices que cuando alguien entra en ti,
sientes que eres tú
                        la que entra. Yo quiero
entrar en ti, en tu cuerpo,
en tu destino, y tengo miedo de que tal
vez tu destino esté cerrado y tu cuerpo esté
herido. El miedo es el estado líquido del
dolor, como una herida es el estado sólido
del miedo, y no sé si duele más la
verdad o la belleza.

Una herida también es tiempo, paso
del tiempo y tiempo detenido. A ti la herida
te cierra; a mí me abre. En eso nos parecemos,
en la potencia inaugural de la herida, bisagra
entre dos tiempos, entre la belleza y la verdad,
entre la confianza y la confianza.

is defying time, being in two
moments at once.

Now we are together in the cloud and you say
my name. Perhaps when you say my name you hear
a doubt while I hear a promise.
I don't know what a promise is, I do know
what a cloud is: the place
                              where you say my name
not to call me. A mountain enters the sky
and you say when someone enters you
you feel you're
                    the one entering. I want
to enter you, your body,
your destiny, and I fear your
destiny perhaps is closed and your body is
wounded. Fear is the liquid state of
pain, as a wound is the solid state of
fear, and I don't know if truth hurts more
or beauty.

A wound also is time, the passage
of time and time halted. The wound
closes you, opens me: We are alike in that,
in the inaugural power of the wound, a hinge
between two times, between beauty and truth,
between confidence and confidence.

Hay que tener cierta libertad para sufrir,
para hundirse o acostarse en el dolor,
que es el estado líquido de la libertad. Hay
algo rígido en lo que nunca es frágil, como un
dolor en el que no resonaran dolores antiguos,
como una silla caída sin jardín ni foto.

                                    No sé
lo que es el destino más que con la memoria:
un lugar donde todo el pasado fluye en la
misma dirección. El concepto de destino
parece colocarnos en una foto donde todo
está quieto, pero el destino hay que
ganárselo cambiando las cosas de lugar.
Tal vez yo nunca tenga un destino, porque
el sueño es la forma más perfecta de amor
que he conocido, porque una nube
no está quieta nunca.

                           La nube es donde
se confunden el amor y la vida. Pero
el amor no es la vida, es una dimensión
de la vida. La espera es otra. La fragilidad
es otra.

Yo creo que la nube es el lugar donde todo
lo que se dice es verdad, y tú crees que es
donde todo se percibe como verdad; tal vez
sea el lugar donde desaparece la diferencia
entre la verdad y lo que se percibe
como verdad,

                        como desaparezco yo cuando voy

One has to have a certain freedom to suffer,
to sink in or lie down in pain,
which is the liquid state of freedom. There is
something rigid is what is never frail, like a
pain in which no old pains resonate,
like a chair on its back with no garden or photo.

                                          I only know
what destiny is with my memory:
a place where all past time flows in the
same direction. The concept of destiny
seems to situate us in a photo where all
is still, but one has to achieve a
destiny by moving things around.
Perhaps I'll never have a destiny, because
dream is the most perfect form of love
I've known, because a cloud
is never still.

                        The cloud is where
love is mistaken for life. But
love isn't life, it's a dimension
of life. Waiting is another. Frailty
also.

I think the cloud is the place where everything
one says is true, and you think it is
where everything feels true; perhaps
it is the place where the difference between
truth and what feels true
disappears,
                   as I disappear when I come

hacia ti. Yo quiero ir hacia ti

                                contigo,

y tú tal vez quieras venir hacia mí sola.

Ahora estamos acostados en la hierba,
a la orilla de un río, y yo pienso en la
herida de la que vienen las palabras
mientras tú miras la herida hacia la que
van. La hierba está debajo pero
también dentro de nuestros
cuerpos, colonizando tu estómago
y mi imaginación. El río no es un río, el
río miente, simula que es un río
o el estado sólido del deseo de un río.
Yo también miento, pero creo que mis
mentiras son eternas, que puedo sostenerlas
para siempre. Tú desconfías
de tus mentiras y acabas
dándoles la vuelta y encontrando una verdad.
Ésa tal vez sea la diferencia que hay entre
nosotros,

               y todo eso se lo lleva el río.

Los cuerpos no mienten. Ahora tu
cuerpo me señala con su temblor
mientras el mío te señala con sus
heridas. Tu cuerpo viene hacia mí
mientras el mío vuelve hacia

towards you. I want to come towards you

                                      with you

and you perhaps want to come towards me alone.

Now we are lying down in the grass
on the bank of a river, and I think of the
wound words come from
while you look at the wound they
go towards. The grass is beneath but
also inside our
bodies, colonising your stomach
and my imagination. The river isn't a river, the
river lies, pretending to be a river
or the solid state of the desire for a river.
I also lie, but I think my
lies are eternal, that I can keep them up
forever. You mistrust
your lies and end up
turning them around and finding a truth.
That perhaps is the difference between
us,
      and the river bears all away.

Bodies don't lie. Now your
body calls me with its trembling
while mine points at you with its
wounds. Your body comes towards me
while my body turns again towards

ti, pero tu destino es quedarte quieta
diciendo la verdad; tienes que cuidar
una tierra, un idioma, la hierba
que deja de crecer mientras te alejas,
un país pequeño, cuidar

                     un país pequeño,
y yo tengo que subir a un autobús lleno de
gente que me cuida, o que cree que me
cuida, y alejarme cuando no me miras,
mientras no me miras.

Tal vez yo nunca tenga un destino, sino
una deriva. Tal vez mi destino sea la deriva.
El destino no es un lugar donde todo está
escrito, sino donde se puede empezar
a escribir con libertad, a hablar con los dolores
antiguos, a reconocer la herida, a entrar en
lo real. Veinte años se concentran en un gesto,
en una risa

                   que aspira a ser voz
pero no es más que una palabra,
y quiero aprender a entrar en lo real. No
sé si el sueño es lo único real, pero sé
que lo real tiene que ver contigo, o
con encontrarnos en la risa, que es
el estado líquido

                  de la voz. La diferencia
que hay entre nosotros tal vez sea como
la que hay entre la voz y las palabras.

you, but your destiny is staying still
telling the truth; you have to care for
a land, a language, the grass
that stops growing while you walk away,
a small country, to care for

       a small country,
and I have to get on a bus full of
people who care for me, or think they
care for me, and walk away when you aren't looking at me,
while you aren't looking at me.

Perhaps I don't have a destiny, but
a drift. Perhaps my destiny is drift.
Destiny isn't a place where all is
written, but a place where one can begin
to write with freedom, to speak to the old
pains, recognise the wound, enter
reality. Twenty years concentrated in a gesture,
in a laugh

     that longs to be voice
but is only a word,
and I want to learn to enter reality. I don't
know if dream is the only reality, but I know
that reality has to do with you, or
with our meeting in laughter, which is
the liquid state

      of the voice. The difference
between us perhaps is like
the one between voice and words.

Tal vez yo nunca tenga un país
pequeño que cuidar. Yo tengo que
cuidar un secreto y no sé qué secreto
es. Tal vez el secreto sea que tú cuidas
un país pequeño, o algo que me has hecho
sin las manos, con las palabras o la voz,
con los ojos, con la imaginación. El río
tiene un secreto: no miente,
sólo simula que miente.

Hoy he visto, en un sueño, que me
dejas mensajes secretos donde
no puedo encontrarlos: vas al bosque
y dejas un mensaje debajo de la hierba,
un regalo que tiene que ver
con mi concepto de tiempo o con mi
incapacidad para ver el futuro, que
a su vez tiene que ver con mi confianza en mi
capacidad para verlo. No sé si hablamos el mismo
idioma. Tal vez hablemos el mismo idioma y podamos
construir un hueco entre nuestros dos
idiomas, compartir los dos lados
                                        del hueco,
alternarnos en ellos, girar como el agua
que sube y baja,
                        pero tal vez hablemos
idiomas distintos. Hablar idiomas
distintos no es un problema, el

Perhaps I'll never have a small country
to care for. I must
care for a secret and I don't know what
the secret is. Perhaps the secret is that you care for
a small country, or is something you did to me
without your hands, with words or your voice,
with your eyes, with the imagination. The river
has a secret: it doesn't lie,
it only pretends to be lying.

Today I saw, in a dream, that you
leave me secret messages where
I can't find them: you go to the woods
and leave a message in the grass,
a present that has to do
with my concept of time, or with my
inability to see the future, which
in turn has to do with my confidence in my
ability to see it. I don't know if we speak the same
language. Perhaps we speak the same language and are able
to build a gap between our two
languages, share both sides
                              of the gap,
take turns on them, eddy like the water
that rises and falls,
                              but perhaps we speak
different languages. Speaking different
languages isn't a problem, the

problema es no darse cuenta, como cuando uno
cree que está subiendo una montaña
pero está metido hasta las rodillas
en un río, o trata de sentarse
en una silla que se ha caído,
o confunde un jardín con una foto de un jardín:
experiencias que, además, nos alejan de
nuestro propio idioma.

                              Yo quiero aprender
tu idioma y no sé si aprender tu idioma
es como meterse en un río o como
subir una montaña. Sé que mi idioma es
banal; no conoce los secretos del bosque
ni sirve para nombrarte con la intensidad
adecuada, no basta para convocarte; tú
sólo escuchas la voz, y yo quiero
que escuches las palabras.

El idioma de la herida puede ser alegre.
El idioma de la mirada suele ser secreto
o excesivo: su defecto es el exceso
de intensidad. Existe el idioma
del fuego, existe el idioma de las
plantas, existe el idioma de las fotos,
y son muy diferentes, pero en todos
opera la distinción entre la voz
y las palabras.

problem is not realising, as when one
thinks one's climbing a mountain
but is up to one's knees
in a river, or tries to sit down
in a chair fallen on its back,
or confuses a garden with the photo of a garden:
experiences which, besides, alienate us from
our own language.
                            I want to learn
your language and I don't know if learning your language
is like walking into a river or like
climbing a mountain. I know my language is
banal: it doesn't know the secrets of the woods
and is incapable of naming you with the appropriate
intensity, it isn't enough to summon you; you
only hear the voice, and I want you
to hear the words.

The language of the wound can be joyful.
The language of the eyes is usually secret
or excessive: its fault is its excessive
intensity. There is a language of
fire, a language of plants,
a language of photos,
and they are very different, but in each
of them occurs the distinction between voice
and words.

Miro una silla caída para atrás, veo
la silla y mi mirada. Para ver sólo la
silla necesito deducir el peso de mi
mirada, el peso
                    de la palabra silla,
el peso de todos los que ya no podrán
sentarse en ella.
            Y tal vez cada cereza
sea también las otras cerezas,
las otras frutas, todo
lo que no es fruta.
                    Uno
no es su idioma,
aunque se confunda con él.

Hoy he visto, en un sueño, los
límites de la esperanza. La herida no tiene límites
ni distancias, ahí todo se entrelaza: los dolores antiguos
se entrelazan en un único idioma y crean un espacio
del que es difícil salir, porque no sabemos cuáles
son sus límites.
                    O tal vez creamos saber
cuáles son; a veces parece que entendemos
las cosas cuando ya es tarde, pero lo que
sucede es que las cosas ya no están ahí
para desmentirnos.
                    El idioma de las
cosas no se aprende, aunque puede
entenderse mirándolas o cambiándolas

I look at a chair fallen on its back, I see
the chair and my looking. To see just the
chair I need to subtract the weight of my
eyes, the weight
                    of the word chair,
the weight of everyone who won't be able
to sit in it.
              And perhaps each cherry
is also the other cherries,
the other fruit, everything
that isn't fruit.
                    One
isn't one's language
though one is confused with it.

Today I saw, in a dream, the
limits of hope. The wound has no limits
or distances, there everything interweaves: the old pains
are woven into a single language and create a space
it's hard to get out of, because we don't know what
its limits are.
              Or perhaps we think we know
what they are; sometimes it seems like we understand
things a little late, but what
happens is that the things are no longer there
to undeceive us.
                    The language of
things can't be learnt, although it can
be understood by looking at them or moving them

de lugar. No nombrándolas; el idioma
de las cosas no tiene nada que ver
con su nombre, como la belleza de tu
ojo no depende de mi mirada, sino
de la posición en que ponga la voz.

Pienso que nadie saca de uno nada
que no estuviera ya en uno, y tú dices
que nadie saca nada de nadie nunca
y que está muy bien que sea así: todo
se queda dentro,
                    donde no hay mirada
ni palabras, sólo voz. Las fotos
de la muerte se miran
con los ojos cerrados.
                    Ahora
cierro los ojos y busco
en la orilla, en la superficie
del agua, en la espuma,
entre las nubes de colores invisibles,
busco en las formas del agua, en
su pacto con la luz, como
buscaba cuando era otro,
antes de nacer, antes
de que existiera el mundo
                    y se rompiera,
pero ya sin el peso de la luz y del mundo
y del nacimiento. Cierro

around. Not by naming them; the language
of things has nothing to do
with their names, as the beauty of your
eye doesn't depend on my looking at it, but on
where I set my voice.

I think no-one brings anything out of someone
that wasn't already there, and you say
no-one ever brings anything out of anyone
and that's all to the good: everything
stays inside,
                    where there is no looking
or words, only voice. Photos
of death are looked at
with eyes closed.
                    Now
I close my eyes and search
on the bank, on the water's
surface, in the foam,
among the invisible colours of the clouds,
I search in the shape of the water, in
its pact with light, as
I sought when I was someone else,
before I was born, before
the world existed
                    and broke,
but now without the weight of light and of the world
and being born. I close

los ojos para mirar el agua, todo
lo que no ves, y al entrar en el
agua cumplo e incumplo mi pacto contigo.
Pero no era un pacto;
                        era la alegría. No
sé lo que es la alegría, pero sé que
no es un pacto con la herida. Tal
vez la alegría sea un lugar donde todo lo que
soy fluye en la misma dirección. Ahora
estamos acostados en la alegría y yo
señalo lo que tenemos en común, y
lo que a ti te gusta es la diferencia. Lo
común y lo diferente sólo se manifiestan
con el tiempo, del mismo modo en que
el destino se siente cuando todo lo que
hay en uno señala en la misma dirección,
como mi cuerpo te señala cuando me
miras o te alejas, como
                        los finales
se hunden en los principios. Estar
en dos momentos a la vez
es lo contrario del destino, es tener
dos conceptos distintos sobre algo.
Pero ya no me interesan los conceptos,
sino la elevación por medio de la alegría.

Ahora estamos hablando de la nube,
un lugar donde se entrelazan la fragilidad

my eyes to look at the water, at everything
you don't see, and as I enter the
water I keep and don't keep to my pact with you.
But it wasn't a pact;

                         it was joy. I don't
know what joy is, but I know
it isn't a pact with the wound. Perhaps
joy is a place where everything
I am flows in the same direction. Now
we are lying down in joy and I
point to our similarities, and
what you like are the differences. Similarity
and difference only become apparent
with time, just as destiny
is experienced when everything that
is in one points in the same direction
as my body points towards you when
you look at me or walk away, as

                            endings
sink in beginnings. Being
in two moments at once
is the opposite of destiny, it's having
two distinct concepts of something.
But I'm not interested in concepts now,
rather in elevation through joy.

Now we are talking about the cloud,
a place where frailty and joy

y la alegría, y yo trato de entender

                         tu idioma,
y lo que a ti te gusta es no entender
el mío.

          Cuantas más cosas se entienden,
menos se entiende el mundo. Ahora
parece que no me oyes, pero lo que
pasa es que te has acostumbrado a mi voz.
La deriva tal vez sea no acostumbrarse
nunca al mundo. La voz es esa zona
de la herida donde está lo que resiste
ante el vaivén, el flujo y las cosas
del mundo. ¿Qué es eso que
resiste? ¿La voz? ¿El idioma
del cuerpo? ¿La esperanza?
¿El miedo? Tú desbaratas todo eso
cuando

          dices mi nombre, como el
sentido de una palabra se pierde o se
extraña cuando la repetimos, cuando
dices mi nombre

                    no para llamarme. Tal vez
lo digas para que se entrelace a tu
voz,

          o para que no me olvide de quién
soy, pero me olvido más
cuanto más lo escucho,

                    como el segundo
encuentro borra o corrige
el primer encuentro y resalta

58

are interwoven, and I'm trying to understand

                                     your language,

and what you like is not understanding
mine.

       The more things one understands
the less one understands the world. Now
it seems you don't hear me, but what's
happening is you've got used to my voice.
Drift perhaps is never getting used to
the world. The voice is that region
of the wound where what resists
the coming and going, the flow and the things
of the world is to be found. What is it
that resists? The voice? The language
of the body? Hope?
Fear? You disrupt all that
when
        you say my name, as the
meaning of a word is lost or becomes
warped by repetition, when
you say my name
                 not to call me. Perhaps
you say it to interweave it with your
voice
        or so I don't forget who
I am, but the more I hear it
the more I forget myself,
                     as the second
meeting erases or corrects
the first meeting and underlines

y altera y cuestiona su belleza.
La belleza de la belleza alude a otra
cosa: lo que yo veo bello es lo que me
hace ver cosas

        que no se ven.
En eso se parece a la belleza del miedo,
a la que no

      se parece
en nada más.

Ver la herida es difícil, salir
de la herida es más difícil, pero lo más
difícil es entrar en ella. Tal
vez lo que alimenta la herida
sea la esperanza de su curación.

La herida no tiene esperanza,
se sobrepone al tiempo y a la esperanza,
va desplegándose en el tiempo
y yo tengo que reconocerla en
su intimidad, reconocer los límites antiguos,
los finales de los principios:
la zona de todo lo que no fluye, lo
que no sale ni entra. Esa imposibilidad
es la forma más perfecta de deseo
que he conocido. Tal vez por eso
sientas que eres tú
la que entra: el deseo fluye a veces

and alters and questions its beauty.
The beauty of beauty alludes to something
different: what I see as beautiful is what
makes me see things
                                    unseen.
In that way it resembles the beauty of fear,
which it doesn't
                            resemble
in any other way.

Seeing the wound is hard, getting out
of the wound is harder, but the
hardest thing is entering it. Perhaps
what feeds the wound
is the hope for its cure.

The wound has no hope,
it triumphs over hope and time,
it deploys itself through time
and I need to know it in
its intimacy, know the old limits,
the endings of the beginnings:
the region of everything that doesn't flow, that
doesn't leave or enter. That impossibility
is the most perfect form of desire
I've ever known. Perhaps for that reason
you feel you are the one
who enters: desire sometimes flows

hacia adentro, como cuando miro

                              tu ojo,
cuando subes o bajas sugiriendo otro
idioma, y a veces hacia afuera,
como cuando entiendo
mi idioma

                solo, hundido en la alegría.

Mi idioma no es de la tierra.
Tal vez sea del agua o del aire,
tal vez sea de algún animal pequeño
o del cansancio, ojalá

                          fuera de la luz
o de un animal mediano, o
del tiempo. Tu idioma es de la
tierra, tiene algo de permanencia,
algo que se sobrepone
al tiempo y a la esperanza,
algo áspero y fiable. La tierra
no me cuida, me pregunta qué he aprendido,
y yo no sé lo que es aprender
más que con tu ojo

                    o con tu manera de esperar,
como si tacháramos palabras.

Ahora estamos hablando del destino y
tú ves un misterio donde yo veo
un milagro. En el momento del encuentro
se confunden para siempre la belleza y la

inwards, as when I look at
                    your eye,
when you rise or fall evoking another
language, and sometimes outwards,
as when I understand
my language
            alone, sinking in joy.

My language doesn't belong to the earth.
Perhaps it belongs to water or air,
perhaps to some small animal
or lassitude, but ideally
                    to light.
or to some medium-sized animal, or
to time. Your language belongs to
the earth, it has a permanence,
something that triumphs over
time and hope,
something harsh and credible. The earth
doesn't care for me, it asks me what I've learnt,
and I only know what learning is
with your eye
            or with your way of waiting
as if we crossed out words.

Now we are speaking of destiny and
you see a mystery where I see
a miracle. In the moment of meeting
beauty and truth are confused

verdad, una silla se cae para atrás,
alguien saca una foto o sube una montaña
para encontrarse con un río.
A veces las cosas encajan en los sueños, pero
tú sueñas que yo te espero mientras
yo sueño que quieres que te escuche.

Tal vez si nos hubiéramos mirado una
hora más,
       antes de levantarnos, habría
encajado nuestro concepto de espera. Es
fácil que las cosas encajen
en los sueños, lo difícil es que encajen
los soñantes.

Te miro o nos miramos
y actualizamos un mito:
un encuentro es una mediación
con lo desconocido, que es el estado líquido
de la herida.
       Tú no eres
lo que más me importa del
mundo, lo que más me importa del mundo
es hablar en voz baja. A ti
también, y ahí nos encontramos.

Tal vez el mejor encuentro sea el
segundo encuentro, el encuentro no

forever, a chair falls on its back,
someone takes a photo or climbs a mountain
to find a river.
Sometimes things fit in dreams, but
you dream I'm waiting for you while
I dream you want me to listen to you.

Perhaps if we'd looked at each other one
hour longer,
                    before we stood up, our
concepts of hope would have fit. It's
easy for things to fit
in dreams, the hard thing is for
the dreamers to fit together.

I look at you or we look at each other
and we enact a myth:
a meeting is a mediation
with the unknown, which is the liquid state
of the wound.
                    You aren't
the most important thing in
the world for me, the most important thing in the world
for me is talking in murmurs. For you
too, and there we meet.

Perhaps the best meeting is the
second meeting, the meeting not

con lo desconocido, sino con la corrección
del primer encuentro;

no con

lo permanente de la herida, sino
con su movimiento y sus ensoñaciones;
no con una palabra, sino con su tachadura.
Lo que se tacha es una clase
muy intensa de verdad.

Corregir

el recuerdo y borrar las expectativas
es lo que desbarata el destino y el pasado,
lo que hace saltar por los aires las creencias
y confirma lo imprevisible, confirma que
lo que hay es sólo una probabilidad
bajo la luz entre diversas posibilidades
en la sombra. En el primer encuentro
no hay sorpresa. La sorpresa está en el
contraste.

La diferencia que hay entre

el primer encuentro y el segundo
encuentro tal vez sea como la que hay
entre las palabras y la voz.

La voz

no es el estado sólido de las palabras,
es como las cosas que ocurren
sólo una vez.

Una cereza ocurre sólo

una vez. Que un animal sea pequeño
o mediano ocurre sólo una vez.
La voz está ahí siempre, pero
ocurre sólo una vez.

with the unknown, but with the correction
of the first meeting;
                            not with
what's permanent in the wound, but
with its movement and its fantasy;
not with a word, but with its crossing-out.
What is crossed out is a very intense
sort of truth.
                 Correcting
memory and erasing expectations
is what disrupts destiny and the past,
what explodes beliefs
and confirms the unpredictable, confirms
that what is is only a probability
in the light among different possibilities
in the shade. In the first meeting
there is no surprise. The surprise is in the
contrast.
          The difference between
the first meeting and the second
meeting perhaps is like the one
between words and the voice.
                              The voice
isn't the solid state of words,
it's like the things that happen
only once.
            A cherry happens only
once. That an animal is small
or medium-sized happens only once.
The voice is always there, but
happens only once.

Pienso que a ti te gusta la diferencia,
pero ahora pienso que tal
vez la señales porque te da miedo,
como nos dan miedo algunas
zonas de la voz, lo húmedo
de lo que está quieto.
                    Ahora
me parece que la palabra lluvia moja
y nos moja con palabras.

Las palabras se elevan o se posan,
no se hunden,
cambian las cosas de lugar.
La voz es un lugar.
No es el lugar del encuentro.
No es el lugar del segundo encuentro.
Es un lugar donde no pasa nada,
donde las palabras se repiten
al margen del sentido,
donde no hay deseo de sentido
ni necesidad de sentido.

Ahora mis palabras buscan tu voz, mi
voz, como entro en tu ojo para verme
o te doy la mano para entrar en lo
real: los gestos de la herida,
su forma de durar. Hay una voz
                        de la herida.
Hay unas palabras de la herida.
Pero la herida, sobre todo, escucha.

I think you like the difference,
but now I think perhaps
you point it out because it scares you
as some regions of the voice
scare us, the dankness
of what is still.
                    Now
it seems to me the word rain wets us,
wets us with words.

Words rise or fall,
they don't sink,
they move things around.
The voice is a place.
It isn't the place of the meeting.
It isn't the place of the second meeting.
It's a place where nothing happens,
where words are repeated
in the margin of meaning,
where there is no desire for meaning
or need for meaning.

Now my words seek your voice, my
voice, as I enter your eye to see myself
or I give you my hand to enter
reality: the expressions of the wound,
its lasting form. There is a voice
                                of the wound.
There are words of the wound.
But the wound, above all, listens.

Hablar en voz baja se parece
a cerrar los ojos o a confiar en
la herida; es una manera de escuchar
el tiempo, de colocar el destino
contra el tiempo.
                    Tu ojo se ve. La
montaña se ve. La foto
de una silla caída se ve.
La esperanza, el cansacio, se oyen.
Pienso que en lo que veo bello
suena el eco de algo que me
pareció bello alguna vez, y tú
dices que la belleza es del presente,
de lo que colocamos contra el tiempo; tal
vez de ahí venga la sensación de
destino, de permanencia
en la herida.

Cuando dices mi nombre no
para llamarme, las palabras y la voz
se acercan y se parecen más que nunca.
Pero acercarse no es lo mismo que
parecerse. La diferencia entre
acercarse y parecerse tal vez sea
como una distancia de veinte años,
como la diferencia entre una palabra
y su tachadura.
                    Dices
que a veces hay que separarse
para unirse, como a veces hay que

Talking in murmurs is like
closing one's eyes or trusting
the wound: it's a way of listening
to time, of setting destiny
against time.
                    Your eye can be seen. The
mountain can be seen. The photo
of a chair fallen on its back can be seen.
Hope, weariness, can be heard.
I think that in what I see as beautiful
the echo sounds of something I
once saw as beautiful, and you
say that beauty belongs to the present,
to what we set against time; hence
perhaps the sense of
destiny, of permanence
in the wound.

When you say my name not
to call me, words and the voice
come nearer each other and are more alike
than ever. But coming near is not the same as
being alike. The difference between
coming near and being alike perhaps is
like a distance of twenty years,
like the difference between a word
and its crossing-out.
                    You say
sometimes we must separate
to come together, as sometimes one must

alejarse de la herida para poder
quedarse en ella, y yo pienso
que la herida consiste en que nadie
puede acercarse a ella ni alejarse de ella.
No sé si pienso en la herida para
no pensar en que a veces hay que
separarse de lo que se ha ido
o de lo que se ha quedado
quieto, en que lo que deseo me
separa
      de mí. No sé
qué deseo, pero sé que al entrar
en tu ojo mi deseo comienza a moverse
hacia adentro y a escuchar el idioma
del cuerpo: una revelación, no
un símbolo, sino
          el estado sólido
de un símbolo. O un deseo tal
que imposibilita su cumplimiento.
Tal vez eso sea lo que pasa cuando uno
habla desde dentro
         de uno: no se distingue
la voz de las palabras. Las palabras
pueden tacharse; la voz está en el
aire. Todo necesita aire. Una montaña
necesita aire para oponerle resistencia,
un río necesita aire para imitarlo, la
voz necesita aire para ser y mi deseo
necesita aire para dejar de moverse
hacia afuera y atender a la herida.

distance oneself from the wound to be able
to stay inside it, and I think
the wound consists in no-one
being able to come near it or stay outside it.
I don't know if I think of the wound
not to think that sometimes we must
separate from what has gone
or from what has stayed
still, not to think that what I desire
separates me
                from myself. I don't know
what I desire, but I know when I enter
your eye my desire starts to move
inwards and to listen to the language
of the body: a revelation, not
a symbol, but
                the solid state
of a symbol. Or a desire so strong
it cannot be fulfilled.
Perhaps that is what happens when one
speaks from inside
                oneself: the voice
and the words become confused. The words
can be crossed out; the voice stays in the
air. Everything needs air. A mountain
needs air to resist it,
a river needs air to imitate it, the
voice needs air to exist and my desire
needs air to stop moving
outwards and to attend to the wound.

Tal vez, como todo lo que nos
interesa principalmente para eludir
su ausencia, mi deseo aspire
a entrar en lo real y gastar la belleza,
a averiguar si toda revelación muestra
una verdad, a sentir la deriva sin salir
de tu ojo,

        con la certeza de no haber
aprendido nada y de estar cerca de todo
lo que se rompe y de lo que parece
no romperse nunca.

Perhaps, like everything that
principally involves us to elude
its absence, my desire aspires
to enter reality and spend beauty,
to find out if every revelation demonstrates
a truth, to feel the drift without leaving
your eye,
                    in the certainty of having
learnt nothing and of being close to everything
that breaks and all that seems
never to break.